Histoires à raconter pour les petits

Histoires
de chevaux

FLEURUS

Illustration de couverture : Ariane Delrieu
Direction : Guillaume Arnaud
Direction éditoriale : Sarah Malherbe
Édition : Anna Guével et Céladon éditions, www.celadoneditions.com
Direction artistique : Élisabeth Hebert, assistée d'Ariane Bienaymé
Mise en pages : Céladon éditions, www.celadoneditions.com
Fabrication : Thierry Dubus, Sabine Marioni

Site : www.fleuruseditions.com
ISBN : 978-2-2151-2488-7
MDS : 652 050

« Loi n° 49-956 du 16 juillet 1949 sur les publications destinées à la jeunesse. »

Histoires à raconter pour les petits

Histoires de chevaux

Fleurus

Sommaire

AQUILON

Aquilon au grand cœur

Aquilon est l'un des nombreux chevaux de course du prince Tancrède. Il est blanc et rapide comme l'éclair.

Hélas ! Un jour, il tombe lors d'un saut d'obstacle,
se casse une patte et fait perdre la course à son maître.
Le prince Tancrède n'aime que gagner.
Furieux de cette défaite, il chasse Aquilon :
« Va-t'en ! Je ne veux plus de toi dans mes écuries. »
Le cheval part se réfugier au fond des bois.

Quelque temps plus tard, un carrosse conduit par six chevaux magnifiques traverse la forêt. Aquilon les reconnaît de loin : ce sont ses anciens camarades de l'écurie. Ils filent comme le vent, transportant dans le carrosse le fils du prince Tancrède sous la garde de deux serviteurs.

Soudain, un coup de feu se fait entendre et des brigands surgissent des broussailles. Effrayés, les chevaux cassent leurs rênes et s'enfuient au grand galop.
Les serviteurs ont tout aussi peur ; ils sautent du carrosse et disparaissent dans la forêt !
Les brigands se précipitent alors sur le carrosse pour se saisir de l'enfant.
« Au secours ! crie le petit garçon.
– Tu peux bien hurler, ricanent les brigands.
Qui t'entendra ? »

À ces mots, Aquilon bondit malgré sa patte cassée, se cabre devant le premier brigand, lance une ruade au deuxième, fait un croche-patte au troisième, attrape la tunique du dernier entre ses mâchoires et l'envoie tournoyer dans les airs !

Ces efforts lui ont fait très mal et il doit se coucher. Heureusement, les brigands ne réapparaissent pas : ils s'enfuient à toutes jambes, loin de ce diable de cheval qui leur semble si fort.

Aquilon ferme les yeux. Il sent soudain de petites mains
caresser sa crinière et une joue se blottir contre la sienne :
« Tu m'as sauvé, merci. Tu as mal ? »
Aquilon fait non de la tête, courageusement.
Il a encore la force de prendre le petit garçon
sur son dos et de le reconduire au château.

En apprenant ce qui s'est passé, le prince Tancrède
demande pardon à Aquilon.
« Je vais te faire soigner par mon meilleur vétérinaire »,
ajoute-t-il.
Le beau cheval reste un peu boiteux, mais
peu lui importe : le fils du prince Tancrède ne veut
monter que lui et ils resteront toujours amis.

De l'or sous les sabots

Il était une fois un riche sultan qui avait si peur de se faire voler son or qu'il ne sortait jamais de son palais. Il lisait et dessinait pour passer le temps mais César, son cheval, mourait d'ennui.

Un jour, César vint trouver son maître.
« Je vais partir, dit-il. J'ai besoin de galoper librement. »
Le sultan ne voulait pas perdre son cheval. Il l'aimait !
Mais il aimait aussi son trésor. Il eut alors une idée.

Il prit son or, le fit fondre pour fabriquer quatre magnifiques fers à cheval et les fixa sous les sabots de César. Le sultan était content : il pouvait sortir à cheval tout en emportant son trésor avec lui.

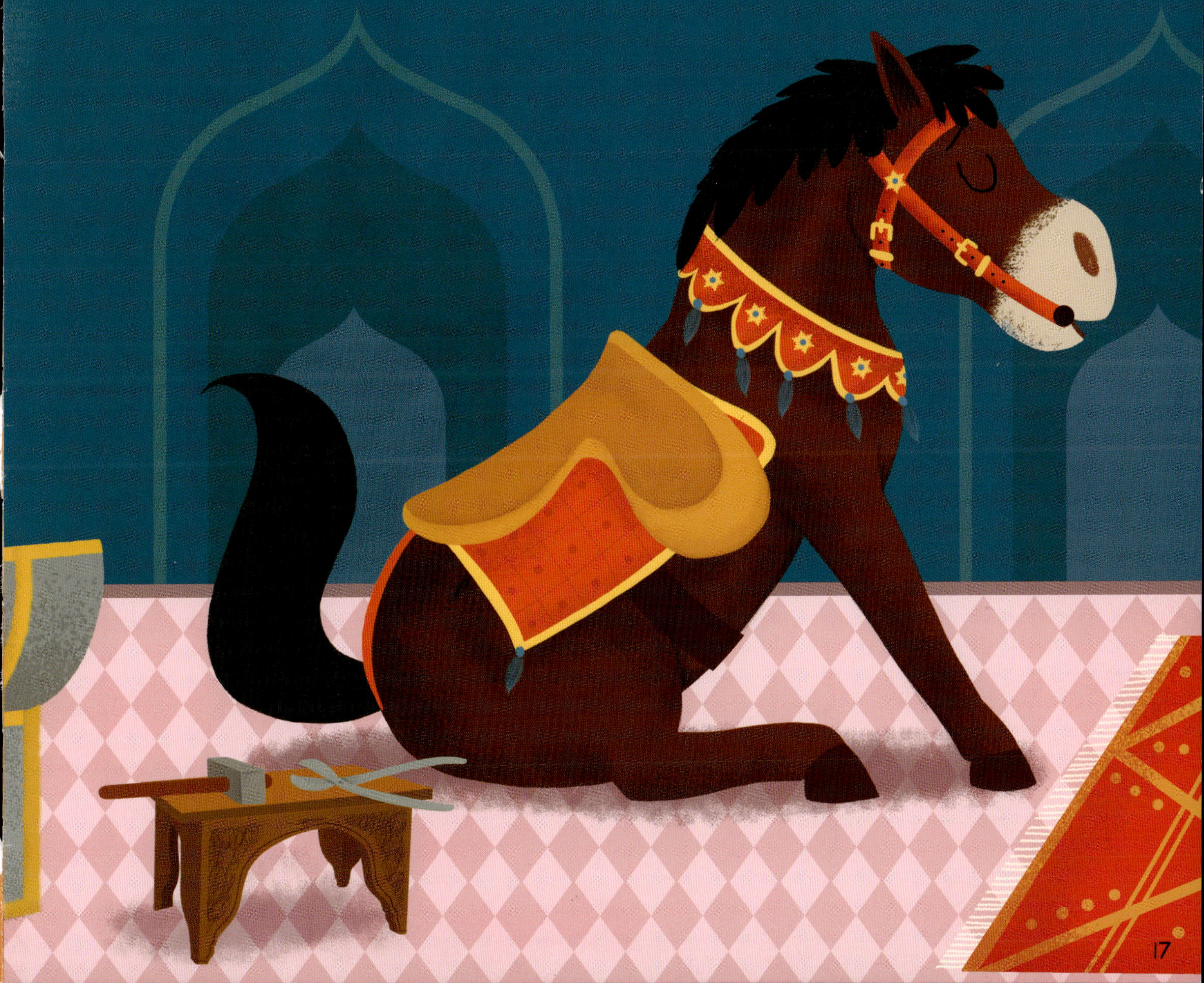

Le premier jour, César marcha au pas et le sultan vérifia souvent que les fers en or étaient toujours là.
Le lendemain, César trotta et s'éloigna un peu plus du palais. Le troisième jour enfin, il s'élança au galop.

Sur son dos, le sultan riait de plaisir. Il découvrait les merveilles de son royaume : le désert doré, les longues caravanes de dromadaires, le vent chaud. Jamais il n'avait été aussi heureux.

Le soir venu, César boitait légèrement.
« Tu as mal ? s'inquiéta le sultan.
– Non, répondit César. C'est sans doute un caillou du chemin… »
Alors le sultan vérifia ses sabots et… horreur !
Il manquait un fer un or !

Tout le monde crut que le sultan allait se fâcher et crier mais, à la surprise générale, il éclata de rire.
« À quoi bon trop d'argent, dit-il à César. Cette journée était merveilleuse. Ce bonheur-là est bien plus précieux que l'or que j'ai perdu. »

Aussi, le lendemain et tous les jours suivants, le sultan continua de galoper à travers le pays.
Quant au fer de César, il est toujours perdu. Et depuis, quand quelqu'un trouve un fer à cheval sur sa route, il rêve que ce jour lui portera bonheur. Car qui sait ? Il s'agit peut-être du fer en or de César ?

Le poney et l'hippocampe

Elbo, le petit poney brun, est fier de sa jolie crinière et de son poil brillant. Mais à côté de son écurie se trouve celle de Foudre-Noire, le cheval le plus rapide du club d'équitation.

Elbo ne cesse de se comparer à son voisin. Il soupire : « Comme mes pattes sont courtes ! Comme ma taille est ridicule ! Comme je suis lent quand je cours ! Comme je rêve d'être un cheval plutôt qu'un poney ! »

Cette envie le rend si triste qu'il décide de s'entraîner pour devenir plus rapide. Chaque matin, il trottine jusqu'à une plage déserte. Là, il se lance au galop le long de la mer. Il gagne quelques secondes chaque jour et cette réussite le remplit d'espoir.

Un matin, tandis qu'Elbo galope à perdre haleine, il voit surgir des vagues une minuscule tête de cheval !
« Bonjour, dit-il, stupéfait. Qui es-tu ?
– Je suis un hippocampe, balbutie l'arrivant. Un cheval des mers.

– Un cheval ? Mais tu n'as pas de pattes ! s'exclame Elbo en regardant la queue de l'hippocampe qui dessine une jolie courbe sous l'eau.

– Non, dit l'hippocampe. Tu as de la chance d'en avoir. Je te vois galoper chaque matin sur cette plage. Comme tu es gracieux et rapide ! Je rêverais de courir avec toi.

– Eh bien, allons-y ! dit Elbo, tout heureux.
Tu n'as qu'à monter sur mon dos ! »

Le poney entre dans l'eau pour laisser l'hippocampe s'installer sur sa crinière.
Puis il s'élance sur la plage. L'hippocampe rit comme un fou et l'encourage à aller toujours plus vite.

Elbo songe un instant à Foudre-Noire.
Bien sûr, son voisin le cheval sera toujours plus rapide que lui. Mais Elbo sourit d'en avoir été jaloux.
« L'amitié vaut bien mieux que la vitesse ! »
se dit-il avec sagesse.

Un astucieux petit poney

Le royaume de Riquiquitus était si minuscule qu'il ne comptait que cinq habitants : le roi, la reine, leur fils, un chevalier et Cabriole, le petit poney du prince. Un jour, le roi partit en voyage, laissant son royaume et tous ses habitants sous la protection de son fidèle chevalier.

Des brigands profitèrent de son absence pour attaquer le château. Le chevalier se défendit avec courage, mais il comprit vite qu'il ne pourrait pas tenir seul longtemps. Il appela donc le petit poney.
« Va vite chercher du secours, dit-il à Cabriole. Cours à travers la campagne et alerte nos voisins. »

Cabriole obéit sur-le-champ : il sortit discrètement
du château et galopa jusqu'à la ferme la plus proche.
« Riquiquitus est en danger ! Il faut nous aider. »
Le voisin était très occupé et il se moquait bien
de ce royaume minuscule.
« Laisse-moi tranquille ! » râla-t-il.

Chez le voisin suivant, Cabriole n'eut pas plus de succès.
« Débrouillez-vous ! rouspéta l'homme.
Ce n'est pas mon affaire. »
Chez un autre voisin et un autre encore, Cabriole reçut le même accueil : personne n'était prêt à l'aider.
Le petit poney eut alors une idée.

Quand il entra dans le village suivant, il se posta
sur la place centrale et annonça :
« Un grand banquet vous attend au château !
– Un banquet ? demandèrent les gens.
– Oui, un festin de roi ! confirma Cabriole. Mais
dépêchez-vous, il n'y en aura pas pour tout le monde. »

Cette fois-ci, les habitants se montrèrent très intéressés. Abandonnant tout ce qu'ils étaient en train de faire, ils se précipitèrent en courant vers le château. Dans un autre village, Cabriole trouva encore des voisins prêts à le suivre. Tous voulaient profiter de cette formidable occasion !

En moins d'une heure, le petit poney réunit une foule de voisins et tous se ruèrent vers le château, un couteau et une fourchette à la main. Quand les brigands virent tous ces gens qui leur semblaient armés jusqu'aux dents, ils prirent peur et s'enfuirent sans attendre.

Bien sûr, il fallut improviser un festin car les voisins n'auraient pas compris qu'on les renvoie chez eux sans manger. La reine cuisina de bon cœur et, le soir venu, les convives repartirent le ventre plein, sans même se douter qu'ils venaient de sauver le royaume de Riquiquitus.

Le secret d'Éclair-Bondissant

Plume-de-Nuage est un petit cheval sauvage comme les autres, ou presque. Il adore galoper avec son troupeau dans les plaines d'Amérique, jouer à poursuivre ses cousins et se frotter tendrement à sa maman.

Mais Plume-de-Nuage est peureux. Il craint un peu tout : les guêpes, le tonnerre, les cris des Indiens…

Souvent, il observe Éclair-Bondissant, l'étalon qui mène le troupeau, et il soupire : « J'aimerais tant être comme lui ! Éclair-Bondissant n'a peur de rien : ni des loups, ni du feu, ni du torrent déchaîné ! »

Un matin, le petit cheval entend gigoter dans un buisson. Intrigué, il s'approche… Oh ! Un serpent surgit ! Plume-de-Nuage se cabre, terrifié.
« Au secours, un serpent venimeux ! » hurle-t-il.
Aussitôt Éclair-Bondissant accourt.

« Mais non, ne crains rien, ce serpent n'est pas dangereux ! » déclare-t-il.
Plume-de-Nuage a un peu honte.
« S'il te plaît, ne dis à personne que j'ai eu peur pour rien. On se moquerait encore de moi !
– C'est promis », affirme Éclair-Bondissant.

Le lendemain, Éclair-Bondissant s'éloigne du troupeau pour boire à la rivière. Plume-de-Nuage le suit, car il a envie de tout faire comme lui !
Soudain, il remarque un Indien tapi derrière un arbre, un lasso à la main.
« Attention, un homme veut te capturer ! crie-t-il à Éclair-Bondissant.
– Un homme ? Où… où ça ? » balbutie l'étalon.

Et, à la grande surprise du petit cheval, Éclair-Bondissant reste là, terrorisé et tout tremblant ! L'Indien en profite pour lui lancer sa corde au cou.
« Vite, je dois l'aider ! » décide Plume-de-Nuage.
Voyant un serpent à ses pieds, il le saisit entre ses dents et le lance sur l'Indien. Affolé, ce dernier pousse un grand cri et s'enfuit.

« Ouf, tu m'as sauvé ! Mille mercis ! dit Éclair-Bondissant. Et quel courage de saisir un serpent à sonnette, si dangereux ! »

Un serpent à sonnette ? Plume-de-Nuage n'en revient pas !

« Tu vois, avoue l'étalon, je n'ai peur de rien… sauf des humains ! Tu ne le répéteras pas, hein ?

– Promis, assure Plume-de-Nuage. Ce sera notre secret ! »
Depuis ce jour, Plume-de-Nuage et Éclair-Bondissant galopent beaucoup ensemble. Auprès de l'étalon, le petit cheval apprend à devenir un grand chef de troupeau, qui ne craint rien… ou presque !

Photogravure : Turquoise
N° d'édition : 14010
Achevé d'imprimer en février 2014 par Book Partners, Ltd, en Chine.
Dépôt légal : février 2014